とびきり美味しい

もはや
動けないって時は
これつくろ!

疲れ果てごはん

山本菜月

KADOKAWA

はじめに
たどり着いた等身大のラクごはん

2020年3月。わたしが初めて包丁を握った時期です。それまでのわたしは、お昼はコンビニで購入し、仕事帰りは飲食店で外食という毎日を過ごしていました。

そんなわたしがレシピ本を出版させていただけるのは、日頃からわたしのSNSを見てくださっている皆さんのおかげでしかありません。とてもとても感謝しています。

この本は、わたしがレシピを発信する際、最も意識している "忙しい人達に寄り添う、無理をしない簡単ごはん" の集大成です。

わが家は、彼が仕事で帰宅が遅いことが多かったので、必然的に家事のほとんどをわたしが担当していました。洗濯や掃除は休日にまとめてすることができますが、食事は毎日のことなのでそうはいき

ません。

共働きなのに、平然と「お腹空いた！夜ごはんある？」と連絡を入れてくる彼と何度もケンカになったことか……。わたしだって働いているのに。すぐにでも寝転りたいくらい疲れていて、スーパーに寄る気力なんかないのに。働きながらの慣れない家事は、わたしのストレスになっていました。

どうしたら毎日の食事と無理なく向き合えるんだろう。3年かけて、たどり着いた答えをこの本に詰め込んでいます。

包丁を握る元気もない。仕事帰りに買い物するのも一苦労だし、何品もつくって洗い物が多くなるのも避けたい……。それでも1日の最後に食べるごはんは、美味しいものでありたい。

わたし自身の「疲れ果てた日のごはんづ

くりの悩み」を、どうにか解消したいと思いながら、日々レシピを考えてきました。

忙しい日は料理をしない選択をしてもいいと思っています。でも、栄養面・経済面で不安になる時もあります。

毎日忙しく仕事をしている皆さんはもちろん、育児に奮闘するママさん、パパさん。夢を追いかける学生さん、同棲や結婚を機に慣れない料理を始めた方……。そんな頑張る人達の味方になりたいという想いを込めたレシピ本が、出来上がりました。

皆さんの忙しい毎日の中に、少しでもほっとひと息つける時間が増えたら、とても幸せに思います。

2023年9月吉日　山本菜月

豚こまタルタル (p.16)

# #
Instagram
人気レシピ

パパッとつくれて、
忙しい日のわたしを支える

クリームライス (p.30)

# #
一品完結！
ぶっかけめし

おかずつくる気ゼロ。
とにかく何か
かっこみたい時の

くたくたさんでも

# #
耐熱容器でつくる
レンジ麺

明日も朝早い……
洗い物をする暇もない時の

明太パスタ (p.54)

この本連れて
キッチンに立てば

ペッパーライス（p.73）

#
フライパン
ほったらかしレシピ

がっつり食べたいけど
極力何もしたくない時の

#
包丁不要のラクごはん

スーパーなんて寄ってられない。
冷蔵庫のありものでつくる

レモンペッパーチキン（p.86）

うまっーと幸せ、
間違いなし

そぼろ豆腐丼（p.100）

#
重くないごはん

帰りが遅くなっちゃった！
食べても翌朝スッキリ起きられる

CONTENTS

PART 2 あれこれつくる気力ゼロの日は！ **1品完結めし**	**PART 1** 疲れ果てさんから感動の声、続々！ **ごひいきベスト10**

STAFF

ブックデザイン　野澤享子(Permanent Yellow Orange)
撮影　　　　　　北原千恵美
スタイリング　　伊藤みき
調理アシスタント　好美絵美
DTP　　　　　　山本秀一、山本深雪(G-Clef)
校正　　　　　　文字工房燦光
編集協力　　　　大信知子
撮影協力　　　　UTUWA
編集担当　　　　今野晃子(KADOKAWA)

レシピについて
- 計量単位は大さじ1＝15㎖、小さじ1＝5㎖です。
- バターは特に記載のない場合は、有塩、無塩どちらを使っても構いません。
- 火加減は目安です。家庭用コンロ、IHヒーターなど機種により火力が異なりますので、様子を見て調整してください。
- 電子レンジ、オーブンのワット数や加熱時間はメーカーや機種によって異なりますので、様子を見て加減してください。また、加熱する際は、付属の説明書に従って耐熱性の器やボウルなどを使用してください。

PART
1

疲れ果てさんから
感動の声、続々！

ごひいき
ベスト10

仕事や育児で忙しい皆さんから
「簡単で美味しかった！」と喜びの声がたくさん寄せられた
人気のレシピを一挙紹介！

1ミリも動きたくな〜い！って時は

絶対これつくってみて

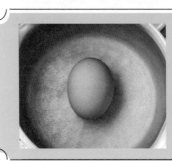

温泉卵のレシピ

鍋にたっぷりの湯を沸かし、卵を
入れたら火を止める。12〜13分
放置してから、冷水で冷やす。卵は
冷蔵庫から出したてでOK！

＃ キムチが冴えてるズボラな甘辛そぼろ

キム玉そぼろ丼

材料（2人分）

ごはん…好きなだけ
合いびき肉…200g
キムチ…100g
ごま油…小さじ2

醤油…大さじ1
砂糖…小さじ2
温泉卵…2個

作り方

1

フライパンに油を熱し、ひき肉を入れ、中火で火が通るまで炒める。

2

1にキムチ、醤油、砂糖を入れる。

3

軽く煮詰めたら、器に盛ったごはんに盛り付け、温泉卵をのせる。

あとは白米だけあればいい♪

しょうが焼き

材料（2人分）

豚バラ薄切り肉…200g（2cm幅に切る）
玉ねぎ…½個（100g、皮を剥いてすりおろす）
キャベツ…好みの量（せん切り）
サラダ油…小さじ1

A
醤油、みりん、酒…各大さじ2
はちみつ（または砂糖）…大さじ1と½
生姜チューブ…大さじ1

作り方

1

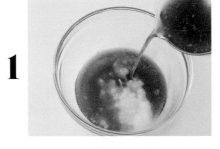

玉ねぎを**A**と合わせて玉ねぎだれをつくっておく。

2

フライパンに油を熱し、中火で豚バラ肉を火が通るまで炒める。

3

1の玉ねぎだれを加え、弱めの中火で軽く煮詰める。お皿に移し、キャベツを添える。

疲れ果てさんから感動の声、続々！ごひいき？

油が多い場合はキッチンペーパーなどでふき取る。

Point

オムハヤシ

材料（2人分）

ごはん…好きなだけ
牛薄切り肉…200g
　（大きい場合は食べやすい大きさに切る）
玉ねぎ…¼個（50g、くし切り）
しめじ…½袋（50g）
サラダ油（作り方**1**で使用）…小さじ2
薄力粉…大さじ2

　カットトマト缶…½缶（200g）
　水…150㎖
A　ケチャップ…大さじ2
　ウスターソース、砂糖…各大さじ1
　顆粒コンソメ…小さじ2
バター…20g
卵…3個
サラダ油（作り方**4**で使用）…小さじ2
B　白だし、砂糖…各大さじ1

4

別のフライパンに油を熱し、卵と**B**を合わせたものを流し入れ、半熟になったら火を止める。**3**の火を消して、バターを加えてサッと混ぜたら、器にごはん、卵と一緒に盛り付ける。

3

Aを入れ、ふつふつしてきたら弱めの中火にして5分煮込む。

2

1に薄力粉を加え、粉っぽさがなくなるまで炒める。

1　作り方

フライパンに油を熱し、牛肉、玉ねぎ、しめじを入れて中火でしんなりするまで炒める。

バターは余熱で溶かすとコクと風味がアップ。

Point

はらぺこ！もう待てない！
2イ分の卵も一気につくろう

玉ねぎもピクルスもいらない！
究極のシンプル・タルタル

豚こまタルタル

材料（2人分）

豚こま肉…200g（一口大に切る）
サラダ油…小さじ2
片栗粉…適量
茹で卵…2個（沸騰した湯で10分茹でる）

A マヨネーズ…大さじ3
酢…大さじ½
塩胡椒…適量

B 醤油、みりん…各大さじ1と½
砂糖…大さじ½

作り方

3 余分な油をふき取り、**B**を加えて照りが出るまで炒める。お皿に盛り付け、上から**1**をかける。

2 フライパンに油を熱し、豚肉を入れ、中火でカリッとするまで炒める。

1 ゆで卵をフォークでつぶし、**A**を加えて混ぜ、タルタルソースをつくる。豚肉に片栗粉をまぶす。

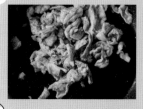

豚こまは少しカリッとするまで炒めるのがおすすめ。レタスなどの野菜を一緒に盛り付けるとボリュームアップ。

Point

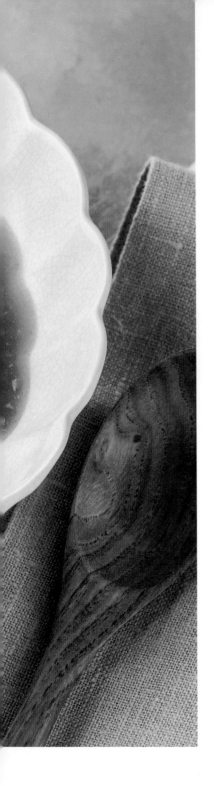

材料（2人分）

豚バラ薄切り肉…150g（2cm幅に切る）
白菜…⅙個 約300g（一口大にザク切り、芯は1cm幅に切る）
にんじん…⅓本（50g、短冊切り）
ごま油…小さじ2
片栗粉…大さじ1（大さじ2の水で溶く）

A
　水…200ml
　鶏がらスープの素…小さじ2
　砂糖、みりん、オイスターソース…各大さじ1
　にんにくチューブ…3cm

作り方

1 白菜は一口大に、にんじんは皮を剥いて短冊切りにする。

2 フライパンに油を熱し、豚肉を入れてさっと炒めたら、白菜、にんじん、**A**を加え、フタをして中火で5分加熱する。

3 フタを外してよく混ぜ、水溶き片栗粉でとろみをつける。

18

熱々をごはんにのせて
後片付けもラクちん〜

片栗粉は倍量の水で溶く。使う直前に底から混ぜるとダマになりにくい。野菜は玉ねぎやきのこ類でも代用可能。

豚肉と白菜の
あんかけ

揚げない・漬けない！

チキン南蛮風クイックおかず

くたびれている時こそマヨわずつくりたい

甘酢マヨチキン

3

油をふき取り、**A**を加えて水分が飛ぶまで焼く。お皿に盛り付け、マヨネーズをかける。

2

フライパンに油を熱し、**1**を皮目から入れる。焼き目がついたらひっくり返して3〜4分中火で揚げ焼きする。

1

作り方

鶏肉に塩胡椒をして片栗粉をまぶす。

材料（2人分）

鶏もも肉（唐揚げ用）…250g
塩胡椒…適量
片栗粉…大さじ2
サラダ油…大さじ3
マヨネーズ…適量
A | 醤油、みりん、酒…各大さじ1と½
砂糖、酢…各小さじ2

20

限界労働した後の**ガッツリごはん**

ダブル炭水化物で元気をチャージ

そばめし

3

Aを加え、強火にして全体がなじむように炒める。お皿に盛り付け、お好みで青のりと鰹節をふり、紅生姜をそえる。

2

袋の上からみじん切りにした焼きそばとごはんを**1**に加え、ごはんをほぐすように炒める。

1

作り方

フライパンに油を熱し、キャベツとひき肉を入れ、弱めの中火で火が通るまで炒める。

材料（2人分）

ごはん…1合分（330g）
市販の焼きそば…1袋
合いびき肉…100g
キャベツ…2〜3枚
　（100g、粗めのみじん切り）
ごま油…小さじ1

A
　焼きそば付属のソース…1袋
　ウスターソース…大さじ2
　オイスターソース…小さじ1
　砂糖…小さじ2
　塩胡椒…適量

青のり、鰹節、紅生姜…適宜

豚キャベツ蒸し

少ない材料でつくれるワンパンおかずの決定版

くったりキャベツとブタミンパワーで
疲れた体よろこぶ〜

2

フタをして弱めの中火で7分30秒加熱する。**A**を入れて軽く混ぜる。

1

作り方

フライパンにキャベツ、豚肉をのせ、酒をふる。

材料（2人分）

豚バラ薄切り肉…150g（一口大に切る）
キャベツ（小）…¼個（200g、ザク切り）
酒…大さじ2
A｜ポン酢、すりごま…各大さじ2
　｜砂糖…小さじ2
　｜ごま油…小さじ1

22

3

2にAを入れ、全体をゆすって、とろみがついたら完成。

2

フライパンに油を熱し、中火で1を焼く。片面に焼き色がついたら、ひっくり返してフタをする。弱めの中火で5分蒸し焼きにする。

1

作り方

鶏肉に塩胡椒と酒をふり、れんこんと一緒にポリ袋に入れて片栗粉をまぶす。

材料（2人分）

鶏もも肉（唐揚げ用）…250g

れんこん…小さめ2節
　（皮を剥かずに5mm幅に輪切り。大きければ半月形に切る）

片栗粉…適量

サラダ油…大さじ3

塩胡椒…適量

酒…適量

A｜醤油、みりん、酢、いりごま
　　…各大さじ2
　｜酒、砂糖…各大さじ1

＃面倒なれんこんの皮剥きはスキップ

鶏れんこんの甘酢炒め

片栗粉はポリ袋でバフバフ！

まんべんなくついて手も汚さない

ねぎ豚つけ麺

材料(2人分)

中華麺…2人分
豚バラ薄切り肉…100g (2cm幅に切る)
長ねぎ…½本 (50g、斜めに薄切り)
塩胡椒…適量
ごま油…小さじ1

A
水…350ml
醤油、みりん、鶏がらスープの素…各大さじ1
味噌、オイスターソース…各大さじ½
にんにくチューブ、生姜チューブ…各小さじ1

すりごま…大さじ1
味玉…2個

3

Aを加え、アクをとりながらひと煮立ちさせ、器に移し、すりごまをふる。味玉の他、お好みでメンマや刻みのりなどをトッピングして完成。

2

鍋に油を熱し、豚肉と長ねぎを入れ、中火で火が通るまで炒める。

1 作り方

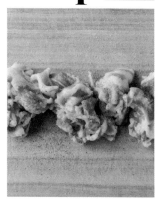

中華麺を表記通りの時間で茹で、ザルにあげて冷水で締め器に盛る。豚肉には塩胡椒をふっておく。

味玉のレシピ
(2個分)

鍋に水を入れ沸騰したら弱火で卵を7分半茹でて冷水で冷やす。醤油、みりん(各大さじ3)、砂糖、酢(各大さじ1)を600Wに50秒(目安)かけたタレに漬け込み、一晩寝かせる。日持ちは冷蔵で2日。

つけ汁、即でき！チャーシューいらず

味玉はストックしておくと便利ですよ〜

サンラータンスープ

材料

しいたけ…4個（60ｇ、薄切り）
にんじん…⅓本（50ｇ、短冊切り）
卵…1個
ごま油…小さじ1
水…500㎖
醤油…小さじ1
鶏がらスープの素…大さじ1と½
酢…大さじ1と½
片栗粉…大さじ1（大さじ2の水で溶く）

作り方

1 鍋に油を熱し、しいたけ、にんじんを加え、中火でしんなりするまで炒める。
2 水、醤油、鶏がらスープの素を入れ沸騰させたら弱火にする。水溶き片栗粉をスープ全体に回しかけて、すぐにかき混ぜながらとろみをつける。
3 とろみがついたら強火にし、溶き卵を回し入れる（固まるまで混ぜない）。
4 酢を入れ軽くかき混ぜる。お好みで小ねぎをのせる。

ちゃんぽんスープ

材料

豚バラ薄切り肉…100ｇ（2㎝幅に切る）
にんじん…⅓本（50ｇ、短冊切り）
白菜…⅛個（約225ｇ、一口大にザク切り、芯は1㎝幅に切る）
かまぼこ…½本（80ｇ、5㎜幅に切る）
しいたけ…4個（60ｇ、薄切り）
もやし…½袋（100ｇ）
ごま油…小さじ1
豆乳（または牛乳）…100㎖
A｜水…500㎖
　｜鶏がらスープの素…大さじ1
　｜オイスターソース…大さじ1
　｜にんにくチューブ…小さじ½
胡椒、いりごま…適宜

作り方

1 鍋に油を熱し、中火で豚肉を炒める。火が通ったらにんじん、白菜、かまぼこ、しいたけ、もやしを入れしんなりするまで炒める。
2 Aを加え、野菜に火が通るまで中火で煮込む。
3 弱火にして豆乳を加え軽く混ぜる。胡椒、いりごまをふる。

もつ鍋風スープ

材料

豚バラ薄切り肉…150ｇ（3㎝幅に切る）
キャベツ（小）…¼個（200ｇ、一口大に切る）
ニラ…½束（3㎝幅に切る）
にんにく…2片（薄切り）
ごま油…小さじ2
鷹の爪輪切り…ひとつまみ（あれば）
A｜水…500㎖
　｜醤油、みりん、鶏がらスープの素…各大さじ1
　｜オイスターソース…大さじ½

作り方

1 鍋に油を熱し、豚肉を中火で炒める。
2 キャベツ、にんにく、鷹の爪、Aを入れ、キャベツがしんなりするまで煮込む。
3 ニラを加え、サッと火を通す。

ワンタンスープ

材料

ワンタンの皮（餃子の皮）…15枚（半分に切る）
鶏むねひき肉…100ｇ
長ねぎ…⅓本（30ｇ、薄切り）
にんじん…⅓本（50ｇ、細切り）
ごま油…小さじ1
A｜にんにくチューブ、生姜チューブ…各小さじ½
水…500㎖
醤油…小さじ1
鶏がらスープの素…大さじ1

作り方

1 鍋に油を熱し、ひき肉とAを入れたらそぼろ状になるまで炒める。
2 にんじん、長ねぎを加え、中火でサッと炒める。
3 水、醤油、鶏がらスープの素を加え、沸騰させる。
4 ワンタンの皮を重ならないよう1枚ずつ入れ、やさしくかき混ぜる。

PART

2

あれこれつくる
気力ゼロの日は！

1品
完結めし

なんだかやる気が出ないし外食するのも億劫。
疲れ果てて帰ってきた時に重宝する、パパッとつくれて
一品で大満足・片付けもラクな"サクめし"たちです！

ビビンバ

材料（2人分）

ごはん…好きなだけ
合いびき肉…250g
ほうれん草（または小松菜）…3株（4cm幅に切る）
にんじん…½本（75g、細切り）
もやし…½袋（100g）
温泉卵または卵黄…2個（あれば）
キムチ…100g

A 醤油、砂糖、みりん、コチュジャン…各大さじ1
にんにくチューブ、生姜チューブ…各小さじ1

ごま油…大さじ2

B 醤油…大さじ½
鶏がらスープの素…小さじ1
塩…適量

作り方

3

器にごはんを盛り、**1**と**2**とキムチをのせ、お好みで温泉卵（卵黄でも◎）を落とす。

温泉卵のつくり方はp.10を参照。市販のものを使ってもOK！

2

フライパンに油（分量外）を熱し、ひき肉を入れて火が通るまで中火で炒めたら、**A**を加えて水分がなくなるまで炒める。

1

鍋に湯を沸かし、にんじん、ほうれん草、もやしを入れて2分半ほど茹でる。ザルにあげ、水気をしっかり絞って**B**と和える。

水分が多いと味がぼけてしまうので、野菜の水気はしっかり絞る！

Point

「いただきます」まで15分の
快速どんぶり

クリームライス

材料(2人分)

ごはん…1合分(330g)

玉ねぎ…½個(100g、粗みじん切り)

サラダ油…小さじ1

A | ケチャップ…大さじ5
| 顆粒コンソメ…小さじ1

しめじ…½袋(50g)

ほうれん草…1株(3cm幅に切る)

ベーコン…50g(1cm幅に切る)

B | 牛乳…300㎖
| 薄力粉…大さじ3〜4
| 顆粒コンソメ…小さじ2
| 塩胡椒…適量

3

2をよく混ぜて1にかける。

2

耐熱ボウルにほうれん草、しめじ、ベーコン、**B**を入れてよく混ぜたら、ふんわりとラップをして600Wのレンジで8分加熱する。

1 作り方

フライパンに油を熱し、玉ねぎをしんなりするまで中火で炒める。ごはんと**A**を加えて全体に馴染ませ、皿に盛る。

レンジで加熱する前に、ボウルに入っている材料をよく混ぜるとダマになりにくい。できあがり後はサラッとしているが、少し時間が経つともったりしてくる。

Point

ホワイトソースは
レンチンでよし！

焼肉丼

材料（2人分）

ごはん…好きなだけ
牛もも薄切り肉（バラでも可）…250g
ごま油…小さじ2

A
醤油、酒、砂糖、いりごま…各大さじ1
コチュジャン…小さじ2
にんにくチューブ…小さじ1
生姜チューブ…小さじ½

作り方

3

器にごはんを盛り、**2**をのせる。

2

Aを加えてサッと混ぜ、30秒
〜1分ほど煮絡める。

1

フライパンに油を熱し、牛肉を
入れ、中火で火が通るまで炒
める。

コチュジャンは日本のメー
カーの甘めのものを
使用するとマイルドに仕
上がる。

Point

32

牛肉だけで**ラクうま！**

#｜ひき肉でパパッとカフェ風ごはん

タコライス

3

器にごはんを盛り、**2**、ちぎったレタス、ミニトマト、チーズ、最後に温泉卵をトッピングする。

温泉卵のつくり方はp.10を参照。市販のものを使ってもOK！

2

フライパンの余分な油をキッチンペーパーなどで軽くふき取り、**A**を加えて水分が飛ぶまで炒める。

1

作り方

フライパンに油を熱し、玉ねぎとにんにくを入れ弱めの中火で炒める。玉ねぎがしんなりしてきたら、ひき肉を加えて火が通るまで炒める。

材料(2人分)

ごはん…好きなだけ
合いびき肉…200g
玉ねぎ…½個（100g、みじん切り）
レタス…適量
ミニトマト…6個（¼に切る）
温泉卵…2個
ピザ用チーズ…適量（細かく切る）
サラダ油…小さじ2
にんにくチューブ…小さじ1

	酒、中濃ソース…各大さじ1
	ケチャップ…大さじ2
A	カレー粉…小さじ1
	オイスターソース…小さじ½
	塩胡椒…適量

煮込まない！超時短！

家にある調味料でつくれてバカうま〜（本気で声出た）

そぼろカレー

3

Aを加え、弱めの中火で1〜2分炒めたら、お皿に盛ったごはんにかける。お好みで小ねぎをのせる。

2

玉ねぎを加え、しんなりするまで炒める。

1

| 作り方 |

フライパンに油を熱し、ひき肉を入れて中火で火が通るまで炒める。

材料（2人分）

ごはん…好きなだけ
合いびき肉…200g
玉ねぎ
　…½個（100g、みじん切り）
サラダ油…小さじ2
小ねぎ…適量（小口切り）

A
　カレー粉…小さじ2
　ケチャップ、砂糖、
　　ウスターソース…各大さじ1
　醤油…小さじ2
　にんにくチューブ…小さじ½
　生姜チューブ…小さじ½

食べに行くより**絶対ラク**

牛丼

#「忙しい日はコレ！ "サクめし" の代表選手」

3

アクを取りながら弱火で15分煮込んだら、ごはんにかける。お好みで紅生姜をそえる。

2

牛肉を1枚ずつ入れる。

1

作り方

フライパンに玉ねぎとAを入れ、中火で加熱して煮立たせる。

材料（2人分）

ごはん…好きなだけ
牛バラ薄切り肉（ももでも可）
　…250g
玉ねぎ…½個（100g、くし切り）

A
水…200mℓ
醤油、酒、みりん…各大さじ4
砂糖…大さじ3
顆粒だし…小さじ1
顆粒コンソメ…小さじ½
生姜チューブ…小さじ½

紅生姜…適量（あれば）

3

溶いておいた卵黄を上からかけ、お好みで三つ葉をのせる。卵黄は片方の殻からもう片方の殻へ1〜2回移すと簡単に取り分けられる。

2

卵を回し入れ、半熟になったら火を止め、ごはんにかける。

1

作り方

フライパンにAを入れて煮立たせたら、鶏肉と玉ねぎを入れて弱めの中火で4〜5分煮る。

材料(2人分)

ごはん…好きなだけ

鶏もも肉
…150g（一口大に切る）

卵…3個
（卵黄をひとつ取り分けて溶いておく）

玉ねぎ…½個（100g、くし切り）

三つ葉…適量（あれば）

A|水…100㎖
|醤油、みりん…各大さじ2
|砂糖…小さじ1と½
|顆粒だし…小さじ½

〜とへとでも卵とろとろ〜

親子丼

気力はいらない秘密の半熟テク！

串に刺さなくても　いいじゃない

焼き鳥丼

3

合わせたAを入れ、とろみがついてきたら、刻みのり、いりごまと一緒にごはんに盛り付ける。

2

フライパンに油を熱し、中火で1と長ねぎの表裏を返しながら、火が通るまで4〜5分焼く。

1

作り方

鶏肉に薄力粉をまぶす。

材料（2人分）

ごはん…好きなだけ

鶏もも肉…250g
　（一口大に切る）

長ねぎ…1本（100g、
　　3cm幅に切る）

薄力粉…適量

サラダ油…小さじ2

いりごま、刻みのり…適量

A｜醤油、みりん…各大さじ3
　｜砂糖…大さじ1と½

とろとろあんに**癒される〜**

＃ 疲れ果ててもつくれる流れの

中華丼

3

Aを入れ、とろみがついたらごはんにかける。

2

ざく切りにしたキャベツを入れ、しんなりするまで炒める。

1

作り方

フライパンに油を熱し、豚肉、にんじんを入れ、豚肉に火が通るまで中火で炒める。

材料（2人分）

ごはん…好きなだけ
豚バラ薄切り肉
　…150ｇ（3㎝幅に切る）
キャベツ（小）…½個（400ｇ、ざく切り）
にんじん…½本（75ｇ、短冊切り）
ごま油…小さじ2

A｜
　水…200㎖
　醤油、みりん、片栗粉
　　…各大さじ1
　オイスターソース、
　　鶏がらスープの素
　　…各小さじ2

火の通りが早すぎて**ラク〜！**

ニラ玉丼

やる気がない時の究極どんぶり

材料（2人分）

ごはん…好きなだけ

卵…6個

ニラ…½束（3cm幅に切る）

ごま油…小さじ2

塩胡椒…適量

A
醤油、砂糖、オイスターソース
…各小さじ2
鶏がらスープの素…小さじ1
片栗粉…大さじ1
水…200㎖

作り方

1

フライパンに油を熱し、ニラを入れ、塩胡椒をして中火でサッと炒める。

2

溶いた卵を加え、ヘラでさっくりと炒め、半熟の状態でごはんにのせる。

3

2と同じフライパンでAを混ぜながら中火で熱し、とろみが出たらニラ玉の上にかける。

3

ボウルの中身を混ぜて、
大葉をのせたごはんに
盛り付ける。お好みで
いりごまをふる。

2

1のボウルにマグロと
長ねぎを入れる。

1

Aを混ぜ合わせる。

作り方

材料（2人分）

ごはん…好きなだけ
マグロのすき身…120g
長ねぎ…½本（50g、みじん切り）
大葉…2枚
いりごま…適量（あれば）

A | 醤油…小さじ1
ごま油、味噌、コチュジャン、
にんにくチューブ
…各小さじ½

韓国風ねぎとろ丼

簡単！ねっとりユッケ風どんぶり

混ぜるだけで
すぐでき！

いつもの塩サバが大・変・身～！

サバの蒲焼き丼

#| 骨なしフィレでお手軽に

3

カリッとしたら**A**を回し入れ、とろみがついてきたら火をとめ、ごはんにのせる。お好みで大葉や生姜をトッピングする。

2

フライパンに油を熱し、**1**を入れて中火で両面こんがり焼く。

1

作り方

サバの水分をふきとり、薄力粉をまぶす。

材料（2人分）

ごはん…好きなだけ
骨なし塩サバ半身…2枚
薄力粉…適量
サラダ油…大さじ1

A {
醤油、酒、みりん…各大さじ1と½
砂糖…大さじ1
生姜チューブ…小さじ1
いりごま…適量
}

大葉、生姜…適量（あれば）

42

にんにくチューブで爆速

＃ 炒めるだけ！今日はささっとスタミナ焼き

豚丼

3

Aを加えて全体を馴染ませるように炒めたら、ごはんにのせてお好みで卵黄を落とす。

2

ニラを加え、しんなりするまで炒める。

1

作り方

フライパンに油を熱し、豚肉を火が通るまで中火で炒める。

材料（2人分）

ごはん…好きなだけ

豚バラ薄切り肉
　　…200ｇ（3cm幅に切る）

ニラ…½束（3cm幅に切る）

卵黄…2個（あれば）

ごま油…小さじ2

A｜醤油、オイスターソース、
　　砂糖、いりごま…各大さじ1
　｜みりん…大さじ1と½
　｜にんにくチューブ…小さじ½

餃子丼

#包むのがしんどい！そんな日の

包み隠さず
のっけてみました

3

Bを入れ水分が飛んできたらごはんにかける。

2

ニラ、キャベツを入れてしんなりするまで炒める。

1

作り方

フライパンに油を熱し、ひき肉、Aを入れて火が通るまで中火で炒める。

材料（2人分）

ごはん…好きなだけ
合いびき肉…200g
キャベツ…2〜3枚
　（100g、せん切り）
ニラ…1/3束（粗みじん切り）
ごま油…小さじ2

A｜にんにくチューブ…小さじ1
　｜生姜チューブ……小さじ1

B｜醤油、酒、砂糖、酢…各大さじ1
　｜オイスターソース…小さじ2
　｜塩胡椒…少々

44

3

白菜の葉とニラを入れ、サッと炒めたら、ごはんにかける。

2

白菜の芯の部分と**A**を入れしんなりするまで炒める。

1

作り方

フライパンに油を熱し、ひき肉を入れて中火で火が通るまで炒める。

材料(2人分)

ごはん…好きなだけ

豚ひき肉…200ｇ（合いびき・鶏でも可）

白菜…2〜3枚分
（一口大にザク切り、芯は1cm幅に切る）

ニラ…1/3束（3cm幅に切る）

ごま油…小さじ1

A ┃ 醤油…大さじ1と1/2
┃ 砂糖、みりん、酢…各大さじ1
┃ 塩胡椒…適量

準備簡単のっけめし

時間差炒めにワザあり！白菜たちがレベルUP

ニラ白菜のそぼろ炒めがけ

ユッケジャンスープ

材料

にんじん…½本（75g、細切り）
長ねぎ…½本（50g、薄切り）
白菜…2〜3枚
　（200g、2〜3cm幅に切る）
もやし…½袋（100g）
卵…1個（溶いておく）
いりごま…適宜

A
水…500ml
鶏がらスープの素、醤油、
　コチュジャン
　…各大さじ1
味噌…小さじ2
砂糖…小さじ1
にんにくチューブ…小さじ½
すりごま…大さじ2

作り方

1 鍋ににんじん、長ねぎ、白菜、もやし、Aを入れ、野菜がくたっとするまで中火で煮込む。
2 卵を回し入れ、固まるまで強火で加熱する。
3 器に盛り付け、お好みでいりごまをちらす。

コーンミルクスープ

材料

玉ねぎ…½個（100g、1cmに角切り）
にんじん…½本（75g、1cmに角切り）
ブロックベーコン…50g（1cmに角切り）
バター…10g
薄力粉…大さじ2

A
コーン（缶）…100g
豆乳（または牛乳）…250ml
水…150ml
鶏がらスープの素…小さじ1と½

作り方

1 鍋にバターを熱し、玉ねぎ、にんじん、ベーコンを入れ中火でさっと炒める。
2 1に薄力粉を入れ馴染ませる。
3 Aを入れ、とろみがついてくるまでかき混ぜながら弱火で煮込む。

餃子スープ

材料

餃子の皮…8枚（半分に切る）
ニラ…4本（2cm幅に切る）
合いびき肉（または豚ひき肉）…100g
にんにくチューブ、生姜チューブ…各小さじ½
ごま油…小さじ2

A
水…500ml
醤油、酒…各大さじ1
酢…小さじ1
鶏がらスープの素…小さじ2

作り方

1 鍋に油を熱し、ひき肉、にんにく、生姜を入れ火が通るまで弱めの中火で炒める。
2 Aを加え煮立たせ、アクを取る。
3 餃子の皮を1枚ずつ重ならないように入れる。
4 ニラを入れ、サッと混ぜる。

味噌キャ豚スープ

材料

豚バラ薄切り肉…100g（3cm幅に切る）
キャベツ（小）…⅛個（100g、一口大に切る）
しめじ…¼袋
ごま油…小さじ2

A
水…500ml
味噌、みりん、鶏がらスープの素…各小さじ2
醤油…小さじ1
あらびき黒胡椒…適宜

作り方

1 鍋に油を熱し、豚肉、キャベツ、しめじを加えてしんなりするまで中火で炒める。
2 Aを加え、ひと煮立ちさせて、アクを取る。

PART

3

お湯を沸かさず
手間かけず、
でも美味しい

レンジ一発！
麺

麺を茹でるのが面倒なら、レンジにおまかせ！
自分だけパパッと食事をすませたい時にも便利な、
わたしの推しメン（麺）たちです。

クイックすき焼きで
お疲れ気分も
上向きに♪

48

すき焼き風うどん

材料（1人分）

うどん…1玉
牛薄切り肉…50ｇ（食べやすい大きさに切る）
玉ねぎ…¼個（50ｇ、くし切り）
卵黄…1個
A｜醤油、砂糖、みりん…各大さじ1

作り方

1 耐熱容器に**A**、肉、うどん、玉ねぎの順に入れ、ふんわりラップし600Wのレンジで4分加熱する。

2 よく混ぜ、お好みで卵黄を落とす。

なるべく肉が重ならないようにのせる。冷凍うどんの場合はレンチン時間を5〜6分に。余った白身はスープに使うと◎。

Point

カルボナーラ

材料（1人分）

スパゲティ（1.4mm）…80g
ベーコン…30g（1cm幅に切る）
卵…1個（溶いておく）
粉チーズ…大さじ2
バター…10g
A｜オリーブオイル、顆粒コンソメ、にんにくチューブ
　｜…各小さじ1
水… 220ml
あらびき黒胡椒… 少々

作り方

1 耐熱容器に半分に折ったスパゲティを入れ、スパゲティ全体が浸かるように分量の水をそそぐ。

2 1にAとベーコンを入れ、ラップなしで600Wのレンジで9分加熱する。

3 2にバターを入れてよく混ぜ、熱いうちに手早く、卵、粉チーズ、あらびき黒胡椒を加え混ぜる。

50

体力・気力ゼロの日に
イチオシの
ズボラナーラ
で〜す

スパゲティは耐熱容器の
上で全量をいっぺんに
バキッと折ると、破片が
出ても無駄になりません。

Point

ビビンうどん

材料（1人分）

うどん…1玉
きゅうり…⅓本（約30g、細切り）
半熟卵…½個（鍋にたっぷりの湯を沸騰させ、
　　冷蔵庫から出した卵を入れて6分茹でてつくる）
キムチ…適量
いりごま……　適量（あれば）

A
　ごま油、コチュジャン…各大さじ½
　醤油、酢、砂糖…各小さじ1
　鶏がらスープの素…小さじ½

> ズボラから生まれた
> 韓国風うどん

作り方

1 耐熱容器にうどん、**A**を入れる。

2 ふんわりラップをして600Wのレンジで表記通りに加熱し、よく混ぜる。器に盛り付け、きゅうり、卵、キムチ、あればいりごまなどをトッピングする。

冷やしで食べたい場合は、うどんだけ加熱して流水で締め、**A**を合わせる。 *Point*

明太パスタ

余らせがちな
明太子が主役

2

軽く混ぜて水分をなじませ、薄皮を取った明太子の½を加え混ぜる。器に盛り付け、残りの明太子と大葉をのせる。

1

作り方

耐熱容器に半分に折ったスパゲティを入れ全体が浸かるように**A**を加える。600Wのレンジでラップなしで袋表記のゆで時間＋3分加熱する。

材料（1人分）

スパゲティ（1.4mm）…80g
辛子明太子
　　…½腹（15g、薄皮を取る）

A | 水…220㎖
めんつゆ（3倍濃縮）…小さじ2
バター…10g

大葉…3枚（せん切り）

54

2

よく混ぜ、牛乳を加えて更によく混ぜる。

1

作り方

耐熱容器に**A**とうどん、玉ねぎを入れ、ふんわりラップし600Wのレンジで5分加熱する。

材料（1人分）

うどん…1玉
玉ねぎ…¼個（50g、薄切り）

A
　にんにくチューブ…小さじ½
　カレールウ…1個（20g）
　めんつゆ（3倍濃縮）…大さじ1
　水…150㎖

牛乳（または豆乳）…100㎖

やる気低下中でも
楽々クリーミー♪

＃
疲労MAXな日はルウを使って簡単に

カレーうどん

> すべてがしんどい時は
> バター醤油が
> 救世主

ベーコンとしめじの奥深い旨味をレンチンで

バター醤油うどん

2

バターを入れ、よく混ぜる。

1

作り方

耐熱容器に**A**、しめじ、ベーコン、うどんを入れてふんわりラップし、600Wのレンジで4分加熱する。

材料（1人分）

うどん…1玉
しめじ…½袋（50g）
ベーコン…30g（1cm幅に切る）
A 醤油、酒…各小さじ2
　　顆粒だし…小さじ⅓
バター…10g

材料、これだけ。
味はしっかり
イタリアン

＃ 超ずぼらでもこれならなんとか

ペペロンチーノ

2

1

材料（1人分）

スパゲティ（1.4㎜）…80ｇ

A
水…220㎖
オリーブオイル…大さじ2
にんにくチューブ、顆粒コンソメ
　…各小さじ½
塩…小さじ¼
鷹の爪（市販の輪切りのものでOK）
　…少々

作り方

ラップなしで600Wのレンジで袋表記のゆで時間＋3分加熱し、よく混ぜる。

耐熱容器に半分に折ったスパゲティを入れ、**A**を加える。

みんな大好き
ナポリタンを
モチモチうどんで！

ナポリうどん

懐かしい味に癒される

材料(1人分)

うどん…1玉
ピーマン…1個（35g、輪切り）
玉ねぎ…¼個（50g、薄切り）
ベーコン…30g（1cm幅に切る）
粉チーズ…適量（あれば）

A | ケチャップ…大さじ2
ウスターソース、
　オリーブオイル…各小さじ1
顆粒コンソメ…ひとつまみ
にんにくチューブ…1cm

2

ふんわりラップして600W
のレンジで4分加熱し、よ
く混ぜる。お好みで粉チー
ズをふりかける。

1

作り方

耐熱容器にピーマン、玉
ねぎ、ベーコン、A、うどん
を入れる。

2

1

作り方

600Wのレンジでラップなしで袋表記のゆで時間＋3分加熱し、よく混ぜる。小ねぎとのりをちらす。

耐熱容器に半分に折ったスパゲティを入れ、ツナ缶（油を軽くきる）、玉ねぎ、**A**を加える。

材料(1人分)

スパゲティ（1.4㎜）…80g

ツナ缶…½缶（油漬け）

玉ねぎ…¼個（50g、薄切り）

A 　水…220㎖
　醤油…大さじ1
　ごま油…小さじ1
　にんにくチューブ…小さじ½
　顆粒だし…小さじ¼

小ねぎ、刻みのり…適宜

ストック食材であっという間につくれる

ツナ缶使ってスピードめし

にんにく醤油の和風パスタ

シンプルなのに
コクうま！
コチュジャンが味の
決め手です

買い物すらムリな日にイチオシ

甘辛豚うどん

2

1

作り方

うどんをのせ、ふんわりラップし600Wのレンジで4分加熱する。よく混ぜてから卵黄を落とし、いりごまをふる。

耐熱容器に**A**を入れてよく混ぜる。豚肉と長ねぎをのせる。

材料(1人分)

うどん…1玉
豚バラ薄切り肉…50g (2cm幅に切る)
長ねぎ…⅓本 (30g、斜めに薄切り)
卵黄…1個
A　ごま油…小さじ2
　　醤油、コチュジャン、砂糖、酒…各小さじ1
　　にんにくチューブ…小さじ½
いりごま…適量

お湯を沸かさず手間かけず、でも美味しい　レンジ一発！麺

焼きそば麺で
おうち中華を
ストレスフリーに♪

| レンチンなのに麺も具も本格派 |
ジャージャー麺

3

一度取り出して水溶き片栗粉を加えて混ぜ、ラップをかけずに600Wで1分加熱したら**1**にかける。きゅうりと白髪ねぎをのせる。

2

1と同じ耐熱容器にひき肉、しいたけ、長ねぎ、**A**を入れふんわりラップし600Wで3分加熱する。

1

作り方

焼きそば麺を耐熱容器に入れてごま油をかける。ふんわりラップし600Wのレンジで2分加熱する。よく混ぜて器に盛る。

材料（1人分）

焼きそば麺
　　…1袋（袋の上から揉みほぐす）
しいたけ…1個（みじん切り）
長ねぎ…⅓本（30g、みじん切り）
ごま油…小さじ2
豚ひき肉…100g
　オイスターソース…大さじ1
　味噌…大さじ½
A　砂糖…小さじ1
　にんにくチューブ、
　　生姜チューブ…各小さじ½
片栗粉…小さじ1（小さじ2の水で溶く）
きゅうり、白髪ねぎ…適量

たらこクリームうどん

肩の力を抜いてゆでうどんで

牛乳だけで
クリーミー
生クリームは買いに
行かなくていい

材料（1人分）

うどん…1玉
たらこ…1腹（約30g、薄皮を取る）

A | 牛乳…50mℓ
| 顆粒だし…小さじ⅓

バター…10g
小ねぎ、刻みのり…適量（あれば）

2

1に、A、バター、たらこを入れよく混ぜる。お好みで小ねぎ、刻みのりをのせる。

1

作り方

耐熱容器にうどんを入れ、ふんわりラップし600Wのレンジで袋記載の時間加熱する。

2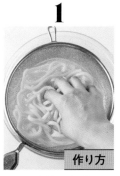

1

作り方

1に軽く油を切ったツナ、コーン、きゅうり、トマト、半熟卵をのせ、めんつゆ、マヨネーズをかける。

うどんを袋の記載通り600Wのレンジで加熱する。流水で冷やし、水気を切って器に盛る。

材料（1人分）

うどん…1玉
きゅうり……⅓本（細切り）
ミニトマト…2〜3個（¼に切る）
コーン缶…30g
ツナ缶…½缶（油漬け）
めんつゆ（3倍濃縮）…大さじ1
マヨネーズ…適量
半熟卵…½個（作り方はp.53参照）

#疲れも食事もさっぱりとろう♪

サラダうどん

のせのせ、かけかけ
もうできちゃった！

ミートソースも
レンジでOK!

レンチンなのに魔法的なコクが生まれる
ミートソースパスタ

3

一度取り出してよく混ぜ、ラップなしでレンジでさらに2分加熱する。器に盛り、お好みで粉チーズとパセリをふりかける。

2

耐熱容器に半分に折ったスパゲティ、玉ねぎ、ひき肉、トマト缶、**A**を入れる。ラップなしで600Wのレンジで8分加熱する。

1

作り方

玉ねぎは粗めのみじん切りにする。

材料（1人分）

スパゲテイ（1.4mm）…80g
合いびき肉…100g
玉ねぎ…¼個（50g、みじん切り）
カットトマト缶…150g

A 水…220ml
ケチャップ…大さじ2
ウスターソース…大さじ1
にんにくチューブ、顆粒コンソメ
　　…各小さじ1

粉チーズ、パセリ…適宜（あれば）

今日も
色々あったよね
気取らず、
ズバっとどうぞ

焼きそば麺で手っ取り早くツルもち食感

油そば

2

取り出してよく混ぜ、いりごまをふる。小ねぎ、刻みのりをのせ卵黄を落とす。

1

作り方

袋の上から揉みほぐした焼きそば麺とAを耐熱容器に入れる。ふんわりラップし600Wのレンジで2分加熱する。

材料(1人分)

焼きそば麺…1袋（袋の上から揉みほぐす）

A
| ごま油、醤油…各小さじ2
| 砂糖、みりん……各小さじ1
| コチュジャン、にんにくチューブ、
| 　生姜チューブ…各小さじ½

卵黄…1個

いりごま…大さじ1

小ねぎ、刻みのり…適量

タコときゅうりのマリネ

日持ち
冷蔵3〜4日

材料
ゆでだこ…100g（一口大に切る）
きゅうり…1本（100g）
（ピーラーで縞模様に皮を剥き、回しながら一口大に切る）

A
| オリーブオイル…大さじ2
| レモン汁…大さじ1
| にんにくチューブ…小さじ½
| あらびき黒胡椒…たっぷり
| 塩…少々
| 砂糖…小さじ1

作り方
1 ボウルにAを入れてよく混ぜる。
2 タコときゅうりを加えて混ぜる。

もやしの中華漬け

日持ち
冷蔵2〜3日

材料
もやし…1袋（200g）
小ねぎ…適量（小口切り）
水…100㎖

A
| 醤油…大さじ2
| 砂糖…大さじ1
| ごま油…小さじ2
| 酢、鶏がらスープの素…各小さじ1
| にんにくチューブ…小さじ½

作り方
1 耐熱ボウルにもやしを入れてふんわりラップし、600Wのレンジで4分加熱する。
2 ボウルに水、小ねぎ、Aを入れよく混ぜる。
3 1の水気をしっかり絞り、2と合わせる。

蒸し鶏きゅうり

日持ち
冷蔵2〜3日

材料
鶏むね肉（皮なし）…1枚（250g）
きゅうり…1本（100g、縦半分に切り、斜めに薄切り）
酒…大さじ1

A
| 醤油、酢…各大さじ1
| 砂糖、鶏がらスープの素、ごま油…各大さじ½
| すりごま…大さじ3

作り方
1 鶏肉の厚い部分を包丁で切って開き、耐熱容器に入れ酒を回しかけ、ふんわりラップして600Wのレンジで5分加熱する。粗熱が取れるまで庫内に入れておく。
2 ボウルにAを入れ混ぜ、鶏肉を細かく手で裂いて入れ、きゅうりを加えてよく混ぜる。

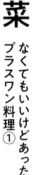

小松菜とにんじんのツナ和え

日持ち
冷蔵2〜3日

材料
小松菜…3株（3㎝幅に切る）
にんじん…½本（75g、皮を剥いて細切り）
ツナ缶…1缶（70g、油を軽く切る）
水…20㎖

A
| すりごま…大さじ2
| 醤油、砂糖…各大さじ1
| 顆粒だし…小さじ½

作り方
1 耐熱ボウルににんじん→小松菜の茎→小松菜の葉の順に重ね、水を回しかけてふんわりラップをしたら600Wのレンジで5分加熱する。
2 流水で冷やしてギュッと水気を絞り、ツナ缶とAを加えて和える。

PART
4

今日も
放任主義！

ワンパン
ほったらかし

ほぼ放置でつくれるワンパン料理は、疲れ果てさんの強〜い味方！
一口コンロでもつくれて、フライパンのまま食卓に出しても問題なし！

チーズタッカルビ

材料（2人分）

鶏もも肉（唐揚げ用）…250g
キャベツ…¼個（200g、一口大に切る）
玉ねぎ…½個（100g、くし切り）
ごま油…小さじ2
ピザ用チーズ…100g

A
コチュジャン…大さじ2
醤油、みりん…各大さじ1
砂糖…大さじ½
にんにくチューブ…小さじ½

作り方

1 鶏肉に**A**を揉みこむ。ポリ袋に入れて揉みこんでもOK。

2 フライパンに油を熱し、キャベツ、玉ねぎ、**1**を入れて軽く混ぜフタをして中火で7〜8分加熱する。

3 フタを取りサッと混ぜ炒め、真ん中にチーズをのせたらフタをし、チーズが溶けるまで加熱する。

ホットプレートはめんどくさい。

ワンパンでGO！

チーズ好きなら倍量のせるともっと美味しい！チェダーチーズやモッツァレラチーズもおすすめ。

Point

3

2

1

| 作り方 |

にんじんと玉ねぎとキャベツを入れ、その上に鮭をのせ、**A**をかけてフタをする。弱火で8〜10分加熱する。

フライパンにバターを熱し、鮭を入れて中火で両面焼き、取り出す。

にんじんは短冊切り、玉ねぎはくし切り、キャベツはざく切り、鮭は目立つ骨を取る。

材料(2人分)

生鮭…2切れ
玉ねぎ…¼個（50g、くし切り）
にんじん…⅓本（50g、短冊切り）
キャベツ（小）
　…¼個（200g、ざく切り）
バター…10g

A
味噌、みりん、酒…各大さじ2
砂糖…大さじ1
醤油…小さじ1
にんにくチューブ…小さじ½

退勤後の夜ごはんは

「他のおかずはなくていい」

鮭のちゃんちゃん焼き

味噌味がしみる〜

鶏肉のみぞれ煮

＃ 初心者にもおすすめの超クイック和食

大根おろしで**後味さっぱり**胃もたれなし

材料（2人分）

鶏もも肉（唐揚げ用）
 …250g
大根…4〜5cm（おろす）
サラダ油…大さじ1
塩胡椒…少々

A ｜ 醤油、ポン酢
　　…各大さじ2
　｜ みりん…大さじ1

大葉…適量（あれば）

作り方

1
おろした大根をAと合わせる。鶏肉に塩胡椒をふる。

2
フライパンに油を熱し、鶏肉を皮目から入れて中火で焼き色をつける。

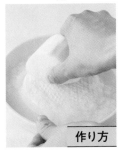

3
鶏肉をひっくり返し、大根おろしとAを合わせたものを加え、フタをして弱めの中火で5分加熱する。器に盛り、お好みで大葉をのせる。

包まないシュウマイ

これならつくる気になる！

3

皮にかけるように水を
回し入れ、フタをして
中火で8〜10分加熱
する。

2

シュウマイの皮を肉だ
ねにかぶせる。

1

作り方

フライパンにキャベツ
を敷く。ボウルにひき
肉、玉ねぎ、**A**を入れ
てよくこね、10等分に
して丸めたらキャベツ
の上にのせる。

材料（2人分）

豚ひき肉…180g

キャベツ（小）
…¼個（200g、せん切り）

シュウマイの皮（餃子の皮）…10枚

玉ねぎ…¼個（50g、みじん切り）

水…100㎖

A 醤油、ごま油…各小さじ2
生姜チューブ…小さじ½
片栗粉…大さじ½

3

フタをして弱めの中火で5分加熱したら、よく混ぜる。

2

中火でフライパンに油を熱し、ふちに沿って**1**を置き、真ん中にごはんをのせて**B**を回しかける。その上にコーン、小ねぎ、バターの順にのせる。

1

作り方

牛肉に**A**を揉みこんで10分置く。

材料（2人分）

ごはん…1合分（330g）

牛バラ薄切り肉（豚バラ肉でも可）
　…200g（3cm幅に切る）

コーン…100g

小ねぎ…適量

サラダ油…小さじ1

有塩バター…10g

あらびき黒胡椒…適量

A｜醤油…小さじ2
　｜にんにくチューブ…小さじ1

B｜醤油、オイスターソース、
　　鶏がらスープの素
　　…各小さじ1

できたてをそのままドンッ！と食卓へ

手間いらずの焼き込みごはん

ペッパーライス

3

全体をよく混ぜ、ごま油を回しかける。

2

軽く混ぜ合わせた**1**に**B**と崩した豆腐を加え、中火で3〜4分加熱する。

1

作り方

フライパンに油を熱し、ひき肉、長ねぎ、**A**を入れ、弱めの中火にして1〜2分放置する。

材料（2人分）

絹豆腐
　　…200g（スプーンなどで崩す）
合いびき肉…100g
長ねぎ…½本（50g、みじん切り）
ごま油…大さじ1

A ┃ にんにくチューブ、
　　　生姜チューブ…各小さじ1

B ┃ 水…200mℓ
　　　鶏がらスープの素、豆板醤
　　　　…各小さじ½
　　　味噌、醤油、片栗粉…各大さじ1
　　　砂糖…小さじ1

ごま油…大さじ1（仕上げ用）

献立に悩んだらコレ！

〝素〟とはひと味違います

麻婆豆腐

辛さ控えめ、手間なしでコクうま

豚バラ大根煮

\# 手数の少ない煮物でほっこり

ほぼ放置なのにコク深～

材料（2人分）

豚バラ薄切り肉（豚こま肉でも）
　　…150ｇ（3cm幅に切る）

大根…⅙本（200ｇ）

　　（皮を剥いて1cm幅のいちょう切り）

A 　水…200㎖
　　醤油、みりん、酒…各大さじ2
　　砂糖…大さじ1
　　顆粒だし、生姜チューブ
　　　…各小さじ1

作り方

1

フライパンにAを入れ中火にかけて煮立たせる。

2

豚バラ肉と大根を入れたらフタをずらしてのせる。

3

煮汁が少なくなるまで10〜15分煮る。

油を使わず、野菜のコクもたっぷり！

無水トマトカレー

3

ふつふつしてきたら弱めの中火にしてフタをし、10分煮る。フタを取って軽く混ぜ、**B**を加えて2〜3分煮込む。

2

軽く混ぜたら中火にかけて加熱する。

1

作り方

フライパンにトマト、玉ねぎ、鶏肉と**A**を入れる。

材料（2人分）

トマト…2個（300g、角切り）
玉ねぎ…1個（200g、角切り）
鶏もも肉（唐揚げ用）
　　…200g

A　にんにくチューブ、
　　　生姜チューブ…各小さじ1
　　塩…ひとつまみ

B　カレールウ…2個（40g）
　　砂糖…大さじ1

淡白だけど**旨味いっぱい**
鯛のだしで勝手に美味しい

＃｜トマトの赤で元気が出ます

鯛のアクアパッツァ風

3

しめじ、ミニトマト、**A**を入れ、塩と黒胡椒をふりフタをして弱めの中火で5分加熱する。お好みでパセリをちらす。

2

中火で両面に焼き色をつける。

1

フライパンに油を熱し、にんにくと皮目を下にした鯛を入れる。

材料（2人分）

鯛などの白身魚…2切れ（200ｇ）
しめじ…½袋（50ｇ）
ミニトマト…8個（へたを取る）
にんにくチューブ…小さじ1
オリーブオイル…大さじ2
塩…小さじ¼
あらびき黒胡椒…少々
A｜酒、水…各50㎖
パセリ…適宜（あれば）

鶏むね肉の塩だれ蒸し

パサつかないむね肉おかず
観音開きで火の通りを早く♪

材料（2人分）

鶏むね肉…1枚（300g）
しめじ…½袋（50g）
豆苗…1袋
オリーブオイル…大さじ2
塩胡椒・あらびき黒胡椒
　…各適量
A	レモン汁…小さじ2
	鶏がらスープの素…小さじ1
	ごま油…大さじ1

作り方

1

鶏むね肉の中心部分に包丁を入れて左右に開いて観音開きにする。塩胡椒をふってからオリーブオイルを揉みこむ。

2

フライパンに1を皮目を下にしてのせて中火にし、フライ返しで押し付けながら焼く。焼き色がついたら返し、しめじ、豆苗を入れフタをして弱めの中火で5分加熱する。

3

火を止め、**A**を回しかけたら再度フタをして、5分放置する。

78

3

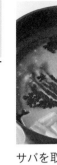

サバを取り出し、中火にして煮汁を煮詰め、とろっとしてきたらサバにかける。お好みで白髪ねぎをそえる。

2

クッキングシートなどで落しブタをして、弱めの中火で煮詰まるまで10〜13分ほど煮る。

1

作り方

フライパンに長ねぎとAを入れ沸騰させる。皮面を上にして塩サバの切り身を入れる。

材料（2人分）

塩サバ半身…2枚（4つに切る）

長ねぎ…1本

（100g、2〜3cm幅に切る）

A
- 水…200mℓ
- 酒、みりん、砂糖…各大さじ1
- 味噌…大さじ1と½
- 生姜チューブ…小さじ1

白髪ねぎ…適宜（あれば）

脂ノリノリで、もう臭み無用〜

サバの味噌煮

＃ 塩サバなら下処理いらず

とろみでまとめたら

ひき肉でもすき焼き即完成!

具材の準備が簡単すぎる

すき焼き風煮込み

3

水溶き片栗粉でとろみ
をつける。お好みで大
葉を添える。

2

アクをとり、フタをして
弱めの中火で5分加熱
する。

1

作り方

フライパンにひき肉、
豆腐、しめじ、長ねぎ、
Aを入れ強火でひと煮
立ちさせる。

材料(2人分)

合いびき肉…200g

木綿豆腐…1丁(300g)
　(食べやすい大きさに切る)

しめじ…½袋(50g)

長ねぎ…½本(50g)

片栗粉…大さじ1(大さじ2の水で溶く)

A｜水…100㎖
　｜醤油、みりん…各大さじ3
　｜砂糖…大さじ1と½

大葉…適量(あれば)

80

お手軽、お気楽、洋風煮込み

ブロッコリーとベーコンの マカロニチーズ

#　材料はハサミでカットOK！

3

チーズを加え、とけるまで弱火で煮る。

2

沸騰直前で弱火にし、マカロニが柔らかくなるまで煮る。

1

作り方
フライパンに牛乳、ブロッコリー、ベーコン、マカロニ、**A**を入れ中火で熱する。

材料（2人分）

ブロッコリー
　…½個（100g）（小房に分ける）
ベーコン…80g（1cm幅に切る）
マカロニ（早ゆでではないもの）…50g
ピザ用チーズ…100g
牛乳…400㎖
A ｜ 顆粒コンソメ…小さじ1
　　｜ 塩胡椒…少々

3

2の上に豚肉をのせ、フタをして中火で6分加熱する。器に盛り、お好みでいりごま、小ねぎをふる。

2

フライパンになす、舞茸を入れ、油を回しかける。

1

作り方

なすはヘタを取り半分に切って斜め1cm幅に切る。舞茸は食べやすく割き、豚肉には**A**を揉みこむ。

材料(2人分)

なす…2本(150g)
豚こま肉…180g
舞茸…1パック(100g)
ごま油…大さじ1

A
味噌…大さじ2
みりん、酒…各大さじ1と½
片栗粉、砂糖、醤油
…各大さじ½
にんにくチューブ…小さじ½

いりごま、小ねぎ…各適量

＃味の染みやすい食材大集合!
なすのスタミナ蒸し

フタしたら、ほったらかし〜

酢のパワーでやわらか、しみしみ～

サッと煮込んでそのまま放置！

#｜時短で作りおきにもぴったり

鶏ももチャーシュー

3

裏返してさらに4分煮込んだら、火を消してフタをし、粗熱が取れるまで置いておく。お好みで茹でた青菜、白髪ねぎ、半熟卵を添える。

2

フライパンに**A**を入れて沸騰させたら中火にし、鶏肉を皮目を下にして入れて4分煮込む。

1

作り方

鶏もも肉に酒（大さじ1、分量外）と塩（少々、分量外）をふって5分置き、水気をふき取る。脂身は取り除く。

材料（2人分）

鶏もも肉…1枚（250g）

A ｜ 水…50mℓ
｜ 醤油、酒、酢、砂糖
｜ …各大さじ2
｜ 生姜チューブ…小さじ1

日持ち
冷蔵4〜5日

大根ときゅうりのハリハリ漬け

材料
きゅうり…1本（100g、拍子木切り）
大根（上部）…4cm（拍子木切り）
A ┃ ポン酢、めんつゆ（3倍濃縮）…各大さじ3
┃ 塩昆布…ふたつまみ
┃ 鷹の爪輪切り…ひとつまみ
塩…適量

作り方
1 大根ときゅうりを塩で揉んで10分置く。
2 容器にAを入れて混ぜ合わせ、水気を切った1を入れる。
3 冷蔵庫で1時間冷やす（すぐに食べても美味しい）。

日持ち
冷蔵2〜3日

塩昆布キャベツ

材料
キャベツ（小）…½個（400g、芯を落として一口大に切る）
A ┃ 塩昆布…大さじ3
┃ ごま油、いりごま…各大さじ1
┃ にんにくチューブ…小さじ½

作り方
1 鍋に湯を沸かし、キャベツを入れて30秒茹でる。
2 1をザルにあげ、サッと水で冷やしたら水気を絞りAと和える。

日持ち
冷蔵4〜5日

鶏そぼろ

材料
鶏ももひき肉…200g
A ┃ 醤油、砂糖…各大さじ2½
┃ みりん…大さじ1
┃ 生姜チューブ…大さじ½

作り方
1 フライパンに鶏ひき肉とAを入れ、全体が馴染むまで混ぜる。
2 火をつけ、中火で水分がなくなってくるまでヘラの先で、ほぐすようにトントン叩きながら加熱する。

日持ち
冷蔵2〜3日

無限えのき

材料
えのき…1袋（100g、石づきを切り落とし、3等分に切る）
A ┃ 醤油、砂糖、酒、コチュジャン…各大さじ½
┃ みりん…大さじ1

作り方
1 えのきとAを耐熱容器に入れ、ふんわりラップをして600Wのレンジで2分半加熱する。
2 よく混ぜる。

PART

5

洗い物まで
ラクになる

包丁いらず！
ごはん

手がかかっているように見えて、実は超簡単！
包丁もまな板も出したくないほど
疲れている時におすすめの、絶品ずぼら飯です。

レモンペッパーチキン

材料(2人分)

鶏もも肉(唐揚げ用)…250〜300g
片栗粉…適量
サラダ油…大さじ1

A
- レモン汁…大さじ1と½
- 塩胡椒…各少々
- にんにくチューブ…小さじ½
- サラダ油(あればオリーブオイル)…大さじ1

作り方

1 鶏肉にAを揉みこんで10分置き、汁気を軽く切って片栗粉をまんべんなく薄くまぶす。

2 フライパンに油を熱し、1を中火で皮目から焼き、両面に焼き色をつける。

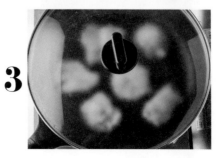

3 フタをして、鶏肉に火が通るまで弱めの中火で4〜5分蒸し焼きにする。

まな板も
包丁もいりません！
レモンが
爽やか〜

片栗粉はまんべんなく薄くまぶすとカリッと仕上がる。ポリ袋に入れてまぶしてもよい。

Point

ちっちゃいから
すぐ焼けちゃう
使うのは
ハサミだけ！

豚キムチヂミ

＃「バテ気味な日は韓国料理」

材料（2人分）

豚バラ薄切り肉
　…100ｇ（3cm幅に切る）
キムチ…60ｇ
ニラ…½束（2cm幅に切る）
薄力粉…大さじ8
片栗粉…大さじ2
水…120mℓ
サラダ油…大さじ2

A
- 醤油、酢…各大さじ1
- コチュジャン、ごま油…各小さじ1
- いりごま…適量

1

作り方

ボウルに薄力粉、片栗粉、水を入れよく混ぜる。キムチ、ニラ、豚肉を入れてからめるように混ぜる。

2

フライパンに油を熱し、一口で食べられる大きさに生地を流し入れる。

3

中火で火が通るまで返しながら両面を焼く。Aを混ぜたたれをつけて食べる。

3

袋の表記通りに茹でた中華麺に**2**をかける。お好みでコーン、バター、小ねぎをのせる。

2

水、**A**を入れ、沸騰させる（焼きそば麺でつくる場合は、ここでスープと一緒に茹でる）。

1

作り方

鍋に油を熱し、ひき肉、にんにく、生姜を入れ火が通るまで中火で炒める。

材料（2人分）

中華麺…2人分（焼きそば麺でも可）
合いびき肉…180g
生姜チューブ…小さじ½
にんにくチューブ…小さじ1
ごま油…小さじ1
水…400㎖

A
味噌…大さじ2
鶏がらスープの素、
　コチュジャン…各小さじ1
砂糖…小さじ2

コーン、バター、小ねぎ
…各適量（あれば）

麺屋ツカレハテ、
開店♪
ほんのり甘めのスープが
子どもウケ◎

いつもの調味料で作れるコク深スープ

味噌ラーメン

大人気の
韓国おかずを
ミニマムな工程で

揚げ焼きで調理時間短縮

ヤンニョムチキン

3

フライパンの油を軽く
ふき取り、**A**を入れて
水分を飛ばしながら、
からめる。火を止めて
いりごまをふる。

2

フライパンに油を熱し、
中火で**1**を5〜6分揚
げ焼きする。

1

作り方

鶏肉に塩胡椒をして
片栗粉をまぶす。

材料（2人分）

鶏もも肉（唐揚げ用）…250ｇ
片栗粉…適量
サラダ油…大さじ2
塩胡椒…少々
いりごま…適宜
A ｜ ケチャップ、みりん、砂糖
　　　…各大さじ1
　｜ 醤油…小さじ1
　｜ にんにくチューブ…小さじ½

低カロリーなのに
コッテリ、満足〜

これ簡単すぎ！遅帰りごはんにもおすすめ！

てりたま舞茸

3

2のフライパンに卵を流し入れ、ヘラで混ぜて弱めの中火で火を通す。2を戻して炒め皿に盛り小ねぎをちらす。

2

フライパンに油を熱し中火で舞茸を炒め、**A**で味をつけたらタレと一緒に一度取り出す。フライパンの汚れを軽くふきとる。

1

作り方

舞茸は小房に分けて、薄力粉をまぶす。卵はマヨネーズと合わせて溶く。

材料（2人分）

舞茸…1パック（100g）
卵…3個
マヨネーズ…大さじ1
サラダ油…大さじ1
薄力粉…適量
A｜醤油、みりん…各大さじ1と½
　｜砂糖…大さじ½
小ねぎ…適量（あれば）

町中華の定番メニューを
ポン酢でさっぱりと!

食べればシャキッ! スピードおかず

豚ニラもやし炒め

3

ニラとAを加え、タレが
全体的にからむように
炒める。

2

もやしを加え、しんなり
するまで炒める。

1

作り方

フライパンに油を熱し、
片栗粉をまぶした豚肉
を中火で炒める。

材料(2人分)

豚バラ薄切り肉
　…150g (3cm幅に切る)
ニラ…½束 (3cm幅に切る)
もやし…1袋 (200g)
ごま油…小さじ2
片栗粉…適量

A
　にんにくチューブ…小さじ½
　オイスターソース、ポン酢、
　　砂糖…各大さじ1
　塩胡椒…適量

3

そうめんを表記通りにゆで、流水で締めて水気をしっかり切ったら皿に盛り、1と2をかける。お好みで白髪ねぎ、かいわれ、半熟卵をのせる。

2

フライパンに油を熱し、ひき肉、にんにくを加え火が通るまで中火で炒める。Bを加え水分が飛ぶまでさらに炒める。

1

作り方

ボウルに豆乳とAを入れてよく混ぜ、冷蔵庫で冷やす。

材料（2人分）

そうめん…3束
豆乳（または牛乳）…200㎖
合いびき肉（鶏、豚も可）…200ｇ
ごま油…小さじ1
にんにくチューブ…小さじ1
A｜鶏がらスープの素、味噌…各大さじ½
｜醤油、酒…各大さじ2
B｜砂糖…大さじ1
｜豆板醤…小さじ1
白髪ねぎ、かいわれ、半熟卵…各適量（あれば）

＃ これ知ったら鬼リピ確定

冷やし担々そうめん

練りごま不要
力まずつくれる
極上麺

疲れ果ててる時も
黄金比だれが
救ってくれる！

＃ 切り身を使って手間ゼロ和おかず
ぶりの照り焼き

材料（2人分）

ぶり切り身…2切れ
塩…少々
サラダ油…大さじ1
A 醤油、酒…各大さじ2
みりん、砂糖…各大さじ1

作り方

1

ぶりに塩をふり10分置き、水分をふき取る。

2

フライパンに油を熱し、1を入れ中火で両面焼く。脂が気になったらふき取る。

3

Aを入れてとろみがつくまで煮詰める。

豆腐はまるごと
ドーン！

＃ 何も考えずにつくれます
ピリ辛豆腐チーズチゲ

3

卵を落とし入れチーズをのせてフタをし、中火で加熱する。チーズがとけたらお好みで小ねぎといりごまをちらす。

2

豆腐、キムチを入れる。

1

作り方

鍋にAを入れて軽く混ぜ、沸騰させる。

材料（2人分）

絹豆腐…1丁（約300ｇ）
キムチ…50ｇ
卵…2個
スライスチーズ…2枚
A｜
水…250㎖
豆板醤…小さじ½
味噌、鶏がらスープの素…各小さじ1
にんにくチューブ、生姜チューブ…各小さじ½
小ねぎ・いりごま…各適量（あれば）

舞茸の唐揚げ

「包丁使わずザクッと揚げ焼き。ビールとどうぞ！」

テキトーに
ほぐして
小料理屋レベル

作り方

3

フライパンに油を熱し、**2**を中火で4〜5分、両面揚げ焼きする。マヨネーズをつけて食べても美味しい。

2

1に片栗粉をまぶす。

1

作り方

舞茸を小房に分けてボウルに入れ、**A**を絡める。

材料(2人分)

舞茸…1パック（約100g）
片栗粉…適量
サラダ油…大さじ4

A │ 醤油、酒…各小さじ2
にんにくチューブ、
生姜チューブ
…各小さじ1

PART

6

しっかり食べても
罪悪感ゼロ！

夜遅い日の
重くないごはん

夜遅くに疲れ果てて帰っても、ちゃちゃっとつくれる
ヘルシーなごはんはいかが？
食べすぎが続いてリセットしたい時の救世主にもなりますよ。

はんぺんバーグ

材料（2人分）

豆腐（絹、木綿どちらでも）
　…1丁（約300g）
はんぺん…1枚（90g）
桜海老…適量
青のり…適量
塩…少々
片栗粉…大さじ3

サラダ油…適量
A ┃ 水…50㎖
　┃ 醤油、砂糖…各大さじ1
　┃ 酢…大さじ2
　┃ 片栗粉…小さじ1

3

中火で両面にこんがり焼き色をつけたら、皿に盛り付け、**1**のあんをかける。

2

フライパンに油を熱し、食べやすい大きさに丸めた**1**を入れる。

1 作り方

耐熱容器に**A**を入れて混ぜ、ラップをせず600Wのレンジで約2分加熱し、あんをつくる。別のボウルに水気を軽くふき取った豆腐、はんぺん、青のり、桜海老、片栗粉、塩を入れ、崩しながら混ぜる。

レンジでつくるあんは片栗粉が固まりやすいので、鍋でつくってもOK。桜海老の代わりにひじき、コーン、小ねぎも合う。

Point

食べたら即寝たい日の **神おかず**

そぼろ豆腐丼

お肉だと重たい時の茶色めし

これぜんぶ**豆腐**で〜す！

3

水分が飛んできたら**A**を加え、汁気がなくなるまで炒める。

2

フライパンに油を熱し、**1**を入れ、中火で崩しながら炒める。

1

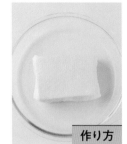

作り方

豆腐の水気を軽くふき取り、キッチンペーパー2枚で包み、ラップなしで600Wのレンジで4分加熱する。

材料（2人分）

ごはん…好きなだけ
木綿豆腐…1丁（約300g）
サラダ油…小さじ2
A 醤油…大さじ1と½
みりん…大さじ1
砂糖、生姜チューブ
…各小さじ1

3

弱火にし、豆乳を加え、かき混ぜる。器に盛り、いりごまをふる。

2

Aを加え、ふつふつしてきたらごはんを入れる。

1

作り方

鍋に油を熱し、豚肉、長ねぎを入れ、中火で火が通るまで炒める。

材料（2人分）

ごはん…好きなだけ
長ねぎ…½本（50g、斜め1cm幅に切る）
豚バラ薄切り肉
　　…100g（2cm幅に切る）
ごま油…小さじ1
豆乳（または牛乳）…100㎖

	水……400㎖
	顆粒コンソメ…小さじ2
A	鶏がらスープの素…小さじ2
	にんにくチューブ、
	生姜チューブ…各小さじ½

いりごま…適量

しんどい気持ちが

ふわっとほどける滋味深さ♡

コムタン風クッパ

#韓国のスープごはんを具材2つで

ぐーペコで帰宅した夜は 具沢山でヘルシーに♪

卵野菜クッパ

材料(2人分)

ごはん…好きなだけ
豚こま肉…100g
にんじん…⅓本(50g、細切り)
しいたけ…2個(30g、薄切り)
卵…2個
キムチ…60g
ごま油…小さじ1

A	水…500㎖ 醤油、酒…各大さじ1 砂糖…大さじ½ 鶏がらスープの素…大さじ1と½ コチュジャン…小さじ½

作り方

1

鍋に油を熱し、豚肉を入れて中火で火が通るまで炒める。

2

にんじんとしいたけを入れしんなりするまで炒める。Aを加え煮立たせる。

3

アクをとり、キムチ、ごはんを入れ強火で加熱する。沸騰したら溶き卵を回し入れる。

簡単なのにボリューミー
夜遅くても **罪悪感ゼロ**

＃ 豆腐を切る気力すらない日の

あんかけねぎ豆腐

3

豆腐を入れ、2〜3分
弱めの中火で煮込ん
だら完成。お好みでい
りごまをふる。

2

長ねぎがしんなりした
ら**B**を加え、ふつふつし
てきたら水溶き片栗粉
でとろみをつける。

1

作り方

鍋に油を熱し、長ねぎ、
Aを入れ中火で炒める。

材料（2人分）

絹豆腐…1丁（約300g）

長ねぎ…½本（50g、斜め薄切り）

ごま油…小さじ1

A ├ 生姜チューブ、
│ にんにくチューブ
│ …各小さじ½

B ├ 水…400㎖
│ 醤油…小さじ1
│ 鶏がらスープの素…小さじ2

片栗粉…大さじ1（大さじ2の水で溶く）

いりごま……適量（あれば）

食が細い日もつるつる食べられる〜

かきたまうどん

お腹にやさしい夜食の定番

3

中火に戻し、溶き卵を細く回し入れ、火が通ったら器に盛ったうどんにかける。

2

Aを加えふつふつしたら弱火にし、水溶き片栗粉でとろみをつける。

1

作り方

うどんを袋の表記通りにレンジで温めておく。鍋に油を熱し、長ねぎを中火でしんなりするまで炒める。

材料(2人分)

うどん…2玉
卵…2個
長ねぎ…½本 (50ｇ、斜めに薄切り)
ごま油……小さじ2

A
水…500㎖
鶏がらスープの素、みりん …各大さじ1
めんつゆ(3倍濃縮)…大さじ2
塩…少々

片栗粉…大さじ1 (大さじ2の水で溶く)

104

3

1を**2**に流し入れラップなしで600Wのレンジで40秒加熱し、追加で200Wで5分加熱する。お好みで三つ葉をのせる。

2

耐熱カップにしいたけ、ほぐしたカニカマを入れる。

1

作り方

ボウルに卵、**A**を入れよく混ぜる。

材料（2人分）

卵…1個
しいたけ…1個（スライス）
カニカマ…1本
A │ 水…150mℓ
　│ 白だし…大さじ1
　│ 醤油、みりん…各小さじ1
　│ 塩…少々
三つ葉…適宜

＃
疲れ果てたけど何か少しお腹に入れたい時は

茶碗蒸し

小腹が空いた！あと一品！の時に

一口で夜食に

じったりデーのラクちん鍋

#|塩昆布と顆粒だしで超スピード鍋|

塩昆布だれ湯豆腐

2

Aを小皿に合わせ、**1**をつけて食べる。

1

作り方

鍋に豆腐、きのこ、水菜、長ねぎ、水、顆粒だしを入れて、中火で5分煮る。

材料(2人分)

豆腐（絹・木綿どちらでも）…200g
しめじなど好みのきのこ類…100g
長ねぎ…½本（50g、斜め1cm幅に切る）
水菜…2株（3cm幅に切る）
水…400㎖
顆粒だし…小さじ1
A｜塩昆布、白だし、いりごま…各大さじ2
｜水…150㎖

酸味にクゥ～ッ！
からだシャッキリ！

手に入りやすい食材で焼肉屋さんの味
冷麺風そうめん

2

茹でたそうめんを流水で締め水気を切る。器に**1**と**2**を入れお好みで半熟卵、刻みのり、かいわれ、いりごまをのせごま油をかける。

1

作り方

ボウルにAを入れよく混ぜ冷蔵庫で冷やしておく。

材料（2人分）

そうめん…3束
ごま油…適量
A
　水…200ml
　酢、すりごま…各大さじ2
　醤油…大さじ1
　鶏がらスープの素、砂糖
　　…各小さじ1
　にんにくチューブ、生姜チューブ
　　…各小さじ½
半熟卵、刻みのり、かいわれ、いりごま
　　…各適量（あれば）

たらのホイル蒸し

材料(2人分)

生たら…2切れ（鮭でも可）　　有塩バター…20g
玉ねぎ…¼個（50g、薄切り）　　レモン汁…小さじ2
にんじん…⅓本（50g、細切り）　ポン酢…適量
しめじ…¼袋（25g）　　　　　　塩…少々
小ねぎ…適量

2

1 作り方

フライパンに1cm深さの水（分量外）を入れて中火で沸かし、ふつふつしてきたら**1**を入れる。フタをして弱めの中火で10〜12分加熱する。アルミホイルを破って開き、ポン酢と小ねぎをかける。

アルミホイルに玉ねぎ、にんじん、しめじ、たら、バター、レモン汁を各半分ずつのせ、塩をふり包む。同様にもう一つつくる。

アルミホイルをまな板や皿の上に広げて具材をのせて包み、四辺を折ってしっかり閉じる。

Point

お魚食べてる？

切り身を使えば**かなり簡単**

材料別 INDEX

本書に掲載されているレシピの主な材料を紹介しています。
冷蔵庫にある在庫の中から献立を考えるのに便利で、買い物できずに帰宅した日も安心です。

山本　菜月

コロナ禍をきっかけに自炊に目覚め、自身のインスタグラム
で簡単＆時短レシピを多数紹介し人気に。Natsu Kitchen名
でレシピ販売も行い、忙しい毎日の中でどんなレシピが求め
られているのかを日々探求している。企業へのレシピ提供の
ほか、読売ジャイアンツ場内アナウンサーとしても活躍中。
Instagram @zubora_meshi_

とびきり美味しい疲れ果てごはん
もはや動けないって時はこれつくろ!

2023年9月27日　初版発行

著者／山本　菜月

発行者／山下　直久

発行／株式会社KADOKAWA
〒102-8177　東京都千代田区富士見2-13-3
電話 0570-002-301(ナビダイヤル)

印刷所／凸版印刷株式会社

製本所／凸版印刷株式会社

●お問い合わせ
https://www.kadokawa.co.jp/ (「お問い合わせ」へお進みください)
※内容によっては、お答えできない場合があります。
※サポートは日本国内のみとさせていただきます。
※Japanese text only

定価はカバーに表示してあります。